겨울

이현아   W극   박예지   로늬   권도연   무아
김하림   정은   정호준   hyun   솔숲   정다은
수빈   정지원   이윤정   김현우   무구   김캐슈넛
유진   한수연   이연   김지완   양유경   윤요성
자는곳   하늘빛   이한   최예지   수현   최경석
쥬   한율   윤민지   장우찬   송유   낭만
재영   오송희   이한나   jem   유주   조형준
이야명   김근호   황해주   임지안   월하   시인파도
장유진   지호랑   김범석   시현   조주안
김수연   정현주   지영   장해선   김돌멩-

모든 게 죽은 것 같아도
날숨만은 살아나는 계절

2020년 12월

I

난 그래도 이현아	13
온기 W극	15
겨울품앗이 박예지	16
찐빵 같은 것들 로늬	18
싱긋, 감사 권도연	19
그곳은 무아	20
하얀 밤 김하림	22
겨울 숲 정은	24
잎 정호준	26
겨울 단상 hyun	28
겨울의 결 솔숲	31
십일월 삼십일 정다은	32
그리운 겨울 수빈	33
안녕 여기는 겨울 정지원	34
눈사람 이윤정	36
눈 김현우	37
러브레터 무구	38

목표와 희망까지 공유할 필요는 없었다 김캐슈넛	39
영원을 찰나에 송두리째 잃고 유진	42
봄, 여름, 가을 떠난 자리에 한수연	43
설愛 이연	44
겨울 김지완	45
모르는 배웅 양유경	46
바다 밤 겨울 윤요성	48

II

첫 눈 자는곳	53
어느새 온몸이 빠져버렸다 하늘빛	54
우리 사이의 겨울 이한	56
겨울일기 최예지	57
겨울이란 계절小雪 수현	58
봄을 찾다 최경석	59
하얀 산타의 밤 쥬	60
설국雪國 한율	62

사잇말 윤민지	65
겨울이 와 옥아 장우찬	66
어찌나 겨울 같은지 송유	68
초승 낭만	70
형편 없는 재영	72
얼마나 많은 밤을 형 목소리 옆에서 잠들었는지 오송희	74
손을 잡고 이한나	76
0도 jem	78
열두 번째 초상肖像 유주	81
겨울 조형준	82
겨울밤의 꿈 이야명	84
동백 김근호	85
그 해 겨울 황해주	86
마지막에게 임지안	88
여덟 번의 겨울 월하	90
겨울나기 시인파도	91
눈꽃 장유진	92

계절 끝 지호랑	94
봄아래 김범석	95
동상 시현	96
겨울나무 조주안	98
눈이 와 내게 한 말 김수연	100
여정의 끝에서 정현주	101
입김 지영	102
잔존 장해선	104
판탈라사 김돌멩	105
	106

○ 작가명은 작품 첫 장의 쪽 번호 옆에 표기하였습니다.

1

난 그래도

푸릇푸릇 새싹이 돋고
형형색색 꽃이 피기 시작하는
새 학기, 새 학년, 새 출발로
나를 설레게 했던 봄이 좋고

초록빛 세상이 펼쳐지는
조금 무더울지라도
바다, 계곡에서 함께했던
추억이 생생한 여름이 좋고

티 없이 푸르던 하늘
붉고 노랗게 물든 나뭇잎
선선한 바람이 춤을 추던
발밑의 바스락 소리가 정겨운 가을도 좋지만

난 그래도
하얀 계절
겨울이 좋다

매서운 바람이
손을 얼리고 발을 얼리고
얼굴까지 얼려버릴지라도

마음 따뜻해지는
하얀 눈이 내리는 날이면
잃어버린 것만 같았던 동심이 떠오르고

따뜻한 장판 아래
옹기종기 모여든 내 사람들과
오손도손 한 해의 추억을 떠올릴 수 있는

그 계절, 겨울이 좋다

봄, 여름, 그리고 가을
모두 좋은 계절이지만
난 그래도

온기

네가 내쉰 숨 하나에도
따뜻해져서

곧 나는 칠판이 될 거야

누군가는 내 손바닥에 글씨를 적으며
오늘을 기억하겠지

겨울품앗이

우리나라는
분명 사계절이라
배웠는데

봄엔 꽃밭
여름엔 바다
가을엔 낙엽

색이란 색은
모조리 뺏겨서는

왜 겨울엔 고작
금새 더럽혀질 눈이나 보면서
좋아하거나
번쩍이는 크리스마스 장식이나 달아두고
억지로 웃어야하나

누구한텐 매일이
봄 여름 가을이고

누구한텐 매일이
겨울이야

겨울 가을 여름 봄
공평하게 나누자고
인생의 4분의 1만
겨울 할래

찐빵 같은 것들

찐빵이나 사람이나
찔러보지 않고는 깊이를 가늠할 수 없다
쉬이 터져버리고 물러버리는 동그라미들

녹았거나 녹지 않았거나
슈뢰딩거의 말투를 단호하게 빌릴 수 있다면 얼마나 좋을까
우린 항상 그 중간 어디쯤 있다

옹기종기 모여서 입김을 호호 불어대다
끝내 입가엔 들큰한 앙금만 남기는 것

그 겉과 속 다른 것들이 무어가 그리 좋다고
이 계절만 되면 그리워지는지

싱긋, 감사

초겨울의 아릿한 냄새가 좋다.
가을이 시원섭섭하게 지나가면,

이른 새벽 교복 입고 집 나섰던 민낯의 알싸함이 좋다.
독서실을 탈출하고 낄낄대던 밤공기가 스치면,

사랑 때문에 하염없이 울었던 코끝이 좋다.
놀이터 찬 공기가 슬리퍼 속 맨발을 깨우면,

그 계절이 다져온 스물여섯의 모습이 좋다.
가장 깊고 고요하게 빚어온,

내 겨울을 맞이하는 방식은 간단하다.
어느 날 기억 속 향기들이 온 감각을 두드리면,

하늘 보고 싱긋 웃기. 감사하기.
싱긋 웃고, 감사하기.
감사.

그곳은

파도가 친다
아주 서글프게도
밀려온다

내게 무언갈 알려준다는 듯
내게 무엇도 바라지 않고
그저 묵묵히도
다가오다
밀려난다

바람이 분다
잔잔하지만 매섭게도
불어온다

꿋꿋이 이 자리에 있겠냐는 듯
나를 시험하듯
아주 시리게
스쳐 가다
사라진다

겨울이였다
계절이
내 마음이
그곳이

단지
...

하얀 밤

　몇 해 전 겨울은 녹지 않고 여전히 내 안에서 살아 숨 쉬고 있어. 촌스럽게 붉어진 뺨 위에 자리한 두 눈은 밀도 높은 공상에 빠져 있었지. 불완전함에 떨려 하던 설렘과 열망. 그 겨울은 풋내나는 미성년의 향기로 가득했어. 그땐 왜 그렇게 모든 게 특별했는지 몰라. 길마다 있는 카페에서 사랑하는 친구와 먹는 케이크가. 좋아하는 취향의 것들과 하고 싶은 일에 대해 잔뜩 늘어놓는 일이. 그 친구와 함께 걷던 그 하얀 밤이 내게 있던 아름다운 추억 중 한 장면이야.

　구름처럼 붕 뜬, 까만 밤하늘을 수놓는 별들을 바라보는 듯한 설명 할 수 없는 기분 속에서 나는 나를 꿈꿨어. 온몸이 텅텅 비어서 속이 메스꺼운데, 하염없이 떨어지는 별들이 시야를 뒤덮을 정도로 많아서, 내 눈마저 별이 된 느낌. 새벽의 틈에서 영원히 뜨겁게 타오르는 청춘이 되고 싶다고. 그저 처음, 언제나 설레는 풋사과가 되고 싶다고 간절히 염원했어.

　귀가 아플 정도로 시리던 그때의 공기, 촉감, 순간이 나를 만들었음을 이제는 알아. 눈을 감으면 머릿속에 쏟아져 내리던 광활한 우주도 더는 볼 수 없음을 이제는 알아. 무언가를 아무런 조건 없이 사랑하는 게 얼마나 아름다운 일인지 알고 있니? 별의 파편처럼 꿈꾸며 일렁이는 짙은 눈동자, 그 자체로 의미가 될 수 있어. 사랑하며 꿈꾸는 모습만으로도 존재의 의미가 될 수 있어.

  일상의 파편들 속 빛나진 않지만 잔잔하게 흘러가는 순간. 그 순간을 기억해. 해가 떠오르면 네가 좋아하는 음악을 듣고, 글을 쓰고, 그림을 그리고, 사랑하며 순간을 살아. 어느 하얀 밤 속 나를 꿈꾸던 너처럼.

  어린 나에게.

겨울 숲

계속해서 불빛이 쌓이고 나는 나무를 태운다
빨갛게 녹고 있는 내일의 소문을 듣는다

공중에 대고 입김을 불자
돌아오지 않을 모양으로 사라지는 말들

기억이 변하면 사람은 한 겹의 옷을 벗거나 껴입거나

달라진 형태로 바람에 맞서는 사람들
무수한 약속들이 한꺼번에 깨진다

밤이 길어질수록
꿈은 더 많이 생겨나고

별은 견고하게 버티며 쏟아지지 않는다
나는 매달려 있는 것일까
해몽을 거꾸로 서서 읽어도 여전히 뒤집혀 있다

언 호숫가에 그림자가 모여들면
금세 빼곡히 찬 얼굴의 기억들

잠든 숲에 지난밤의 이야기를 두고 달아난다

잎

잎잎을 버리고 바람을 걸치는
저 나무

창 너머
거기 즈음, 겨울이 어둑시니 도사리고 있어

거기와 여기
계절은 습기가 달라
벽 하나 사이를 두고

너와 나의 거리도
그만치이기를

잎잎이 날리고 서둘러 맨몸으로 서는
벚나무

창 너머
우두커니 네가 나무 되어 서 있어
너 같은 내가 잎사귀 떨구며 서 있어

우리의 생각 차가
저 차가운 유리벽 하나
딱 그만큼 거리에서 버티고 있는

가로등 숨결에도 차운 입김 훈기며
빨래의 감정까지 딱딱하게 만들어 버리는

이것이
겨울의 씨앗이겠지

계절이 다시금, 움트는 시작점 되겠지

아마도

겨울 단상

햇살이 창가 너머로 비추다 이내 그늘이 진다.
잠깐 고개를 들다가 사라지는 걸 보니
수줍어서 그런가 보다.

카페에 앉아 바 테이블에 앉아있는 사람들이 보인다.
실없는 이야기에 웃고 떠드는 모습,
인정이 고팠나 보다.

책을 읽고
글을 쓴다.
눈은 사람을 향한다.
눈동자는 파리처럼 이리저리 갈피를 잃은 채 헤맨다.
활자에 착지하지 못한 채, 사람들이 내는 음율에 헤엄쳐 다닌다.

선선했던 바람도 식어 이젠 차가운 금속처럼 나를 베어 갈 거야.
출혈이 심해 멎지 않은 채로 피를 뚝 뚝 흘린 채.
옷을 두껍게 껴입어도 시리기만 하네.

얼마나 더 노력해야 할까
얼마나 더 성숙해야 할까
얼마나 더 완전해야 할까
그렇게 해야만 나는 사람을 사랑할 수 있고
더 품어줄 수 있는 것일까.

나는 평생 미숙한 채로 남아 그렇게 영영 죽어갈 것만 같아서
나는 영영 그렇게 지내다 엉엉 울어줄 사람 없이 그렇게 떠날 것만 같아.

따스한 감성을 가진 사람이 되고 싶은데
난로가 되어주고 싶은데
그렇게 하기엔 나는 너무 바라는 것이 많은 걸까.
낙엽은 호들갑을 떨며 떨어지지 않는다.
체념이라도 한 듯 남은 잎을 툭 던지듯이
미련을 툴툴 턴다.

유난히 차갑고 홀로 옷깃을 저미는 날이 많아질 것이다.

서서히 옷을 벗고 오롯이 나의 모습을 드러냈을 때
나는 이미 살점이 떨어져 나가 있을 것이다.

아이를 포곤히 안아 포말이 되지 않길 바라는 엄마.
품속에서 너는 바스라지지 않을거야.
겉을 감싸는 외피에서 너는 자라
오롯이 추위마저 와락 감싸 안을 수 있는
나무가 되렴.
나무가 되어
사람들이 곁에서 쉬었다 갈 수 있기를.

아파하면서
소원한다.

겨울의 결

검고도 흰 공기
눈을 그리워하며 자라온 난 겨울을 좋아해요
동틀 무렵 허파 가득히

십일월 삼십일

오늘 아침엔 십이월의 냄새가 났다
숨이 턱 막힐 때까지 깊게 들이쉬면
목구멍까지 쓸쓸함이 가득 들이차
마음이 자꾸만 죽었다

떠밀리듯 손을 놓고 사라져버린 이파리들의
끊어진 잎맥의 한 가운데
멈추어버린 기억의 파동

십이월의 냄새는
그 찢어진 추억에서 솟구치듯 흘러나온
외로운 나뭇가지의 탄식으로 이루어졌을까

허공에 내뱉는 하얀 한숨으로
영원히 받지 못할 형체 없는 편지를 보낸다

십일월 삼십일,
무방비한 안녕으로부터

그리운 겨울

눈이 잘 오지 않는 우리 동네에
펑펑 내리던 날이 가끔씩 떠오른다

눈 온다! 한마디에 동네 사람들 모두 창밖을 보며
손을 내밀기도 하고
혹시 눈이 그칠까 장갑도 목도리도 하지 않은 채
뛰어 내려가기도 하고

손에 내려앉자마자 사라져 버리는 눈송이들이
그저 좋았던 때가 떠오른다

그땐 모두가 함께였고
그땐 즐거운 날들이 많았고
그땐 그랬었는데

지금은 더 이상 눈이 내리지 않는다
지금은 눈이 내려도 보려 하지 않는다
지금은 함께지이지도 즐겁지도 않은
그런 겨울이 되어버렸다

가끔씩 떠오른다, 그때 그리운 겨울이

안녕 여기는 겨울

안녕 마침내 겨울

봄에 태어난 네가 머물러 있는 계절
네 그림자가 주인을 잃고는
서러워 엉엉 울던 계절

기어이 또 겨울

부재가 설명해낸 네 존재의 이론과
울지 않기 위해 네 자리를 씹어 삼킨 남겨진 이름들

안녕 여기는 또 겨울

너는 잘 지내는지
거기에도 눈이 내리는지
너무 춥진 않은지

네 이름에 남은 온기로
버텨야 할 어둠이 길어진
그래서 널 더 아껴 불러야 하는

어김없이 또 겨울인 겨울

눈사람

 겨울은 아직 내겐 좀 어렵다. 실은 네가 내게 주었던 그 추억이 호호 불어먹던 우동 속으로 사라진 탓이다. 그 추억을 아직도 갖고 있었다면 지금의 나는 좀 달라졌을까.

 오늘은 그 어려운 겨울이 시작되는 날이었다. 어려운 달과 어려운 날, 어려운 것이 한데 모여 내 몸은 마치 얼은 조각상마냥 굳어있었다. 되레 녹이려다 내가 송두리째 사라지는 날이 오면, 너는 나를 조금은 기억해 줄까. 내 몸이 온통 짜고 투명한 액체로 뒤바뀌는 날엔 너조차도 나를 잊을 것이었다. 그전까지는 우리 함께 우동을 불어먹고, 장갑을 나눠 끼자. 곧 스러질 눈사람에 대해서는 생각하지 말자. 온전하게 남아있지는 못하겠지만, 영원히 빛나는 네모 화면 안에 우리를 담아놓고 할 수 있는 만큼 힘껏 미소 짓자.

 그게 너와 나의 겨울이었다.
 영원할 우리의 겨울일 것이다.

눈

내 마음에 눈이 내린다
차갑게 만들고는 이내 녹아버린다

내 눈에 눈물이 흐른다
눈이 녹아 따뜻해진 걸까?

러브레터

내가 사랑하는 것들은 괜히 나를 다 떠나버리는 것만 같아

꾹꾹 눌러쓴 모자와 빙빙 두른 목도리 사이로
기어이 찬바람은 내 뺨을 치고 갔어

나는 그렇게, 학교 정문 앞 버스정류장에 서 있었어

두 손에 꼭 쥐고 있던 소중하고 반짝이는 것들이
눈에서 글썽이다가
나는 예감했지,
이 모든 것이 무용해질 것을

눈이 내리기 시작했고,
저 멀리서 버스
불빛이 다가오고 있었어

목표와 희망까지 공유할 필요는 없었다*
-나의 오래된 친구, Y에게

가짜 사랑은 되게 짙었고 손에 남았던 진득함은 손을 씻어도 잘 씻겨지지 않았어
떠나간 것을 그리 원망하진 않았지

아직 새벽도 채 오지 않아 군청색 어둑한 빛만 감도는 방 안에서
희끗한 먼지가 비쳐 보이던 빔프로젝터로 자막도 없는 영화를 보며
벽에 비쳐 날아가는 빛을 잡아서 편지를 썼던 거, 기억나?

'Dear.' 밖에 쓰지 못하고 접어버린 그 편지에
이제라도 조리개를 길게 열어두고 당신을 그려봐도 될까
한줄 쓰고 지우고 그리고 버리다 보니 어떡해 종이 위에 남겨진 건
버릴 데 없는 내 마음과 남은건 당신의 공기 손짓 눈결 뿐이야

...

-이번 겨울은 그렇게 춥진 않지만 유독 바람이 매서운 것 같아

  당신이 말했지. 갈색 코트를 여미며 우리 둘이 걸어갔잖아, 기억나?
  다정함은 만들지 못하고 누구한테 나눠 받아야 한다고 그렇게 말했잖아

  지금 나의 다정이 메말라가고 있으니 당신의 그것을 나눠 받아도 될까
  하지만 내가 당신의 다정을 다 삼키고 나면
  그 유리잔 밑바닥에 있는 소용돌이를 보게 될까 봐 주저하고 있어

  지금은 그때와 닮은 두 번째 개와 늑대의 시간
  마지막 줄을 적고 있어 고마워, 당신도 잘 지내, 온점, 편지 끝.

  배달되지는 않을 편지일 것 같아 곱게 접어두고 도움 될까 싶어 나의 시선 울림 눈물을 담아뒀어

아무래도 서랍 안이 편안하겠지

이제 해가 뜨고 있어
이번만은 겨울이 친절하기를

* 이름 모를 김영하의 소설에서 따옴.

영원을 찰나에 송두리째 잃고

코 끝에 까슬거리는 추위가 느껴지면
한 해 동안 심장에 갇혀 데굴거리다 보옥이 된 눈물을 팔아
2014년의 케케묵은 겨울을 사들인다
낡은 생일
낡은 콧노래
낡은 겨울 냄새
낡은 다정
거듭거듭 엷어지는 대화를 이리저리 돌려보고는
푸스스하게 미소 짓다가 눈물짓다가
닳은 추억으로 축축해진 소매 사이엔 색 바랜 크리스마스니 캐럴이니 하는 것들이 드나들어,
갈라진 혈관 틈새로 굴러들어가는 울음은 다시 한 해를 데굴거릴 원동력

엄마,
나는 다 해진 기억으로만 들숨 날숨 반복하며
자꾸만 이렇게 너덜너덜한 겨울에 살아갑니다

봄, 여름, 가을 떠난 자리에

폐가 자꾸 가벼워져 가슴 쪽일지도 몰라
사실 마음이 허해
빈자리에 냉기가 파고들어 날카로워
차라리 꽉 차 넘쳤으면 좋겠어

음식을 먹어 그림을 그려 춤을 춰
그럴수록 더 새는 것 같아 추위에 움츠려
뭐가 새는 지도 모르겠는데 자꾸 빠져나가 잡히지 않아
아, 사실 외로움인 것 같아
차라리 몰랐으면 좋겠어

사람이 필요해
육체 말고 꽉 찬 사람으로 안겼음 해
필요하면 내가 안을게 햇살로 닿기만 했음 해
개화를 기다리며 늦지 않게 왔음 해

설雪

있잖아, 안녕
그곳은 여전히 너를 감추기에 너무 거대하니
몇 년 전 너는 조각난 너를 찾겠다고
유리 파편이 비처럼 내리는 날 떠났지

너는 뭉쳐버린 너를 끌어안으며
자주 나였던 것들의 이름을 속삭였다

너를 녹일 계절을 기다려야 해
쏟아져 내릴 너의 온도를 찾아낼 때까지

우리는 기약 없이 기다리는 것을 잘하니까

있던 것들이 없는 곳
너와 나였던 것들이 흩어지는 곳에서 만나기로 해

겨울

가녀린 달빛이 뺨을 스치고
서늘한 바람 입술 끝을 파고들면
어설프게 묶인 시침 바라봐요

투박한 하루 사이
박혀있는 찬란한 순간

가끔 나는 덧칠 된 졸음 뭉쳐
빙판길 위로 흘려보내요
고양이 한 마리쯤은 알아도 괜찮겠지요

창백하게 물든 계절 위
조심스레 붙잡은 여운 뒤로 한 채
투명한 울음 삼켜요

팽창하는 밤하늘 아래

우리의 속삭임은
점점 짙어져만 가요

모르는 배웅

올해가 다 가기 전에
그대에게 편지를 쓰고 싶었다

우리는 여름부터 더이상 우리가 아니기에
그대의 안부를 묻는다는 건 멋쩍은 일일 테지만
답장을 바라지 않는 편지라면 괜찮지 않을까

연락처를 다 지우고 남은 건 주소뿐이었다
어느 좋은 날에 선물을 보내려고 적어둔 걸
발견하고 보니 유효기간이 올해까지다, 그대
이번 겨울까지만 거기 머물 거라 했으니

그제 저녁엔 선잠에 들었다 꿈을 꿨다
꿈속에서 그대가 나에게 편지를 건넸다
우리는 헤어졌고, 다시 우리가 될 일은 없겠지만
생일을 축하하고, 앞으로 살아갈 날들도 축복한다고

만날 때나 떠날 때나 한 번을 돌아봐주지 않다가
이제 와 이게 다 무슨 소용이냐며 툴툴대었는데

깨어 생각해보니 다
내가 그대에게 하고픈 말들이었어

꿈이 나를 읽어버렸나, 나는
여전히 그대의 말을 기다리나

어제는 나의 생일이었다
나의 생일은 가을의 아주 마지막 날

겨울이 왔으나 그대에겐 편지를 쓰지 않기로 했다
그대의 무엇이 아직도 뿌옇게 서려오는지 알 수 없어 그렇다 해도
그대가 알아채지 못할 곳에다 속말을 풀어놓는 건 괜찮지 않을까

모르는 채로도
담담히 그대를
보내고 있노라고
이토록 잊노라고

바다 밤 겨울

불덩이는 그곳에 있다

11월 소설小雪날 감추사 오르던 돌길 옆
깎아지른 바위 턱 조곤히 쌓인 돌탑들 틈에

삼성각을 마주한 한 무리의 기원초들 사이,
 다른 것들보다 유독 제 살을 파고 먹어 긴 껍질을 가진 양초 아래

 구름 낀 날씨 쌀쌀한 묵호 등대를 등지고 내려가
 바다를 바라보고 딸기 씨처럼 박힌 달동네 집들 속 감나무 까막밥 가지 끝에

 오늘은 혼자 한섬에 나가 부유하는 오리 떼를 보고 왔습니다
 해안가 파도가 철썩거린다는 관용구는 별로 맞지 않는다는 생각을 했습니다
 이른 겨울 바다는 구릉거리다가, 이죽거리다가, 이지러지다가 사람을 맞아

그곳에 묻고 온 불덩이들도 이내 모래밭 깊숙이 묻는 걸 도와줬습니다

때가 끼고 해진 내 불덩이들은 해안가를 따라 떠다니다가

감추 해변을 향하는 기찻길 내리막을 따라 굴러내려 가기도 하고

끝내 바다를 맞보고 일찍 취한 낚시꾼들 모여있는 돌 틈 사이 어디엔가 끼워두고

가난한 마음도 분골로 찧어 뿌려두고 왔습니다

바다, 밤, 겨울을 등지고 돌아오던 버스 내내

성마른 슬픔들이 미등에 비쳐 보이곤 했습니다

2

첫 눈

머리카락 끝에
아직 찬 공기가 남아있는
너를 품에 안고
다정한 말 몇 마디를 심어주고

조금 작은 네 주먹을
내 손에 가두고
오늘도 많은 것을 담아 온 네 눈엔
나를 밀어 넣어 채우고

찬 공기를 마저 털어주면
넌 첫 눈이 온다고 말할까?

있잖아 나는 매일 매일 첫 눈이 내려

어느새 온몸이 빠져버렸다

어느새 온몸이 빠져버렸다

움푹 쌓인 눈 밭에 즐거움을 가득 담았더니
발목만큼 올라오던 새하얀 눈꽃이 온몸을 뒤덮었다
어느 누가 즐거움만큼 위험한 것이 없다고 말해줬다면
온몸이 빠질 만큼 즐거워하지 않았을 텐데

살풋 내려앉은 눈꽃에 사랑스러움을 소폭 담았더니
손끝에 조금 닿은 깨끗한 물방울이 전부를 감싸 안았다
어느 누가 세상이 이토록 사랑스럽다고 말해줬다면
전부를 안을 만큼 사랑하지 않았을 텐데

어느새 온몸이 빠져버렸다

올해의 기억을 조금 담는다는 게 가득 채워버렸다
무릎 높이였던 기억들이 집을 가득 채울 눈이 되어 돌아왔다
한 해를 가득 채운 행복과 슬픔이 몰려와
진눈깨비처럼 옷을 적셨다
어느새 온몸이 젖어버렸다

너의 기억을 잠깐 엿보려 했는데
함박눈처럼 쏟아지는 기억에 나는 신이 나버렸다
오늘을 가득 채운 웃음과 눈물이 거대한 눈구름처럼 나에게 몰려왔다

나는 잠시만 발을 담글 생각이었다
얕게 깔린 눈 위에 발자국만 찍을 생각이었다
내 생각보다 눈은 깊게 쌓여 한 걸음 한 걸음마다 깊은 웅덩이를 만들어냈다
나는 생각보다 더 깊게 들어가 버렸다

어느새 온몸이 빠져버렸다

우리 사이의 겨울

 겨울 이 뒤에 점을 찍고 싶다 나는 자주 마침표를 쓴다 문장과 단어 뒤의 마침표는 건네고 싶은 단어를 정확하게 고른 기분이다 이 말에 도달하길 바라는 겨울 열세 살의 아이는 품고 있었던 가진 것 없는 단어로 열심히 살고 싶었다 흰 장미에게 물감을 섞은 물을 주었다 파랑 흰 장미에게 색을 넣었지만 얼룩진 장미를 버리면서 아이는 울었다 다시는 파랑을 가두려 하지 않겠다고 생각한 날에 너를 만났다 블루 메리 크리스마스 제멋대로의 기준들은 눈 속에 묻혀갔다 따뜻하게 달궈진 와인 뱅쇼를 마신다 뱅쇼를 마시면서 전화 통화를 하던 골목은 언제나 타국이었고 외로운 행성마다 유독 별이 많은 것은 우리가 자주 나란하고 싶었던 여행 때문이었다 그것을 우리는 염원이라고 불렀다 너를 만난 날 우리는 고양이를 키우기로 했다 손을 잡기 전에 함께 살자는 약속 먼저 했다 겨울 속의 새파란 거짓말 고양이는 세상에 없는 동화 속에만 있었다 고양이를 겨울이라고 부르기로 한다 겨울을 끌어안고 소파 위의 네 옆자리에 누워 너를 본다 겨울이 울음소리를 낮게 내고 네가 겨울을 쓰다듬고 겨울이 품으로 파고든다 우리 사이에 그 어떤 겨울이 있다

겨울일기

눈소리에 묻힐세라 콩을 턴다

하얗게 아문 가을의 상처
앙상하지 않은, 자유로운 가지 되어
늘어진 하품 내뱉는다

해의 반쪽을 머금어 따듯한
소복히 여문 발자국
달의 자장가를 들려주러 재촉해 달려온다

겨울이란 계절 小雪

겨울이란 계절을 사랑하였다.
조심스러운 백발의 계절에게 말했다.
너는 참 아름다운 향기를 가졌구나
군데군데 빈 머리칼 볼품없어도
나는 그것이 너의 미美라고 말할 것이다!

눈발 휘날리는 밤에
쌓인 눈 지그시 밟고 서
어쩌면 따뜻할지도 모르는 계절의
빈 공기를 끌어안고
휘날리는 눈발을 한참 동안 바라보았다.

그러고는
차게 흐르는 공기를 깊게 들이마시는 일이었다.

사랑스러운 계절이다.
겨우 고요함과 쓸쓸함이
사람을 살아가는 계절이다.

그렇게 겨울이라는 계절을 나는 사랑하였다.

봄을 찾다

서너살 먹은
내 어린 조카는

아장아장 걸어간
문밖으로
난생 처음 맞은
눈 가르키며

구름 내린다고
꽃잎 떨어진다고
난분분 뛰어다니던
한 겨울 날 프리지아

겨울을 품고 나간
작은 소녀
어느새 내 마음
봄꽃 피워 돌아오네

하얀 산타의 밤

늘어난 실,
응, 양말이 좋아
머리에 살며시 써

조금 늘어난 양말
'미안해'
토닥여준 양말에게 속삭여
'부탁해'
싱긋 털실이 웃는 새벽

새하얀 눈으로
덮인 마을을 건너
그 안 밤을 건너가

머리에 보랏빛 털이
새하얗게 물들었어!

하얀 밤
연노란 불빛에 모닥불이
타닥타닥 타오르는 밤,

양말 속에
알록달록 조개와 꾸러미
넣어,
반짝반짝 푸른빛에 불이나
양말아, 고마워!

설국雪國

겨울님
오래도록 지내는 자리

굴뚝 위로 내린 향기가
항상 좋다는 작은 마을

눈은 그칠 줄 모르고
스러지는 간이역
자그만 대합실에

사내 하나

그리운 꿈 꾸고 있다

뜨거운 입술을 빌리지 않고서는
보내지 못할 마음 품고서

그리운 사람
그리고 있다

눈이 그치고 전철이 지나면

멀리
멀리 가는 것이
겨우내 소원

그것을
묵묵히 생각하자면

제 고향 춥기만 한 것이
못내 서럽다

찬바람
쓰다듬고 쓰다듬어도
봄이 올 리 만무한데

반가운 이 인사하듯

그는
허한 손짓 하곤 했다

눈이 쌓여 해를 가리자
날은 까맣게 이운다

기다리는 것이

전철인지
그리운 사람인지

서글픈 손짓
멈출 줄 모르고
어느새

대합실 안에도
눈이 내리기 시작했다

사잇말

눈 감아
풀잎새로
띄우는
반딧불이

이 별빛은
몇 광년 거리를
더 걸어야
지구께 닿을까요

걷고 걷다
그곳에
있지 아니하여도
마침내 닿기를

보고 싶다
못다 할 사잇말
면면히 적힌
새벽의 겨울입니다

겨울이 와 옥아

-1992년 이모에게

옥아 이곳엔 라일락이 이제 막 고갤 내밀고 마을엔 향기로 가득해, 그곳은 무척이나 덥지?

오늘 스무 세 번째 네 생일을 맞아 미역국을 끓였어. 네가 좋아한 들깨를 듬뿍 넣어 푹 끓인 국은 영 내 입엔 아닌 거 같아. 아무래도 내년엔 옆에서 함께 간을 좀 봐주련. 코리아타운의 총성이 나풀거리고 피 웅덩이는 땅을 고스란히 덮고 있대.

언제나 내 몸은 내가 지켜야 한다. 초복은 지나 떠나지. 몸보신도 못 한 채 홀연히 떠난 앙상한 너의 뒷모습 네 꼬리뼈가 여실히 드러난 리바이스는 소란한 세계를 품고. 달큰히 마른 멸치와 다진 청양고추를 볶은 반찬, 물기를 힘껏 짠 오이짠지. 늘어진 제4회 대학가요제 테이프. 샤프의 연극이 끝난 후. 태평양 화장품의 투피스. 희뿌연 연고. 뒤통수 자욱이 남겨진 꽃수 베개. 지겨움이 마음을 우비며 터트리는 울음.

나는 아직 김포공항에 내려온 비행기를 보면 주접을 떨어. 영우 씨도 계속 네 연락을 기다려. 매일 같이 공중전화를 맴돌던데 네가 통 연락을 못하니 도려 내가 다 민망하더라. 외국전화는 오천 원이래. 가난한 영혼인 대학생을 너무 괴롭히진 마. 입 안 가득 아주 많은 문장을 머금고 그리움에 깨금발 들고 살아갈 거야.

이 엽서의 공란空欄이 점점 펜촉과 만나 줄어드네. 산란한 말을 줄일까 해. 답장을 기다리는 이주는 행복할 것 같아.

 내게 전해줄 사랑이 아주 많은 옥아. 미진한 존재를 단단히 보살필 좋은 어른이 될 옥아. 너는 아주 정이 많은 여자가 될 거야. 엄마가 아니라 여자가 되겠지? 너의 생일을 진심으로 축하해.

 곧 겨울이 와 옥아! 네가 좋아하는 가을이 성큼 지나, 사철란과 방울꽃은 눈밭의 뒤안길로 빠지겠지만, 아름다운 너의 글씨를 기다리며 월동 준비를 해볼게. 로스앤젤레스의 뜨거운 볕을 담은 따뜻한 편지를 태우며 올겨울을 따뜻하게 기다릴게.

어찌나 겨울 같은지

차갑던 내 마음 위에 내린 너란 눈에
아이 같이 들떴어 추월 잊은 듯이

혹여 만지면 녹을까 보고만 있었지
감히 널 내 맘에 담는 게 맞는지
널 만난 뒤로 매일 겁부터 냈지

순간의 실수로 길 잃고 떨어진
우연한 불시착 같은 건 아닌지
널 안을 때까진 걱정이 됐지

커다란 세상에 혼자만 남겨진
차갑고 외롭던 날 감싼 네 온기
날 녹게 만들었지 안식처같이

따뜻한 불꽃
포근한 눈꽃 가득 피운 겨울
말할 수 없을 만큼
소복하게 내려 더 쌓여

마지막인 계절 아닌
시작이 되는 오늘
날 붉게 만드는 눈
더 이상 춥지 않은
특별한 계절, 겨울

너는 나에게
어찌나 겨울 같은지

초승

나는 당신을 위해 켜둔 12월의 불빛을 아직도 간직하고 있다고 지난 새벽 물결에 흘려보내지 않았다고 나는 너의 눈물이고 단 하나의 물방울 너의 우는 얼굴 너의 타원

이 방은 한없이 서늘하지만 손끝만은 다사롭다 타오를 수도 있을 것 같아 올해의 마지막 눈은 꼭 함께 맞자고 약속했었지

슬픔은 항상 왼쪽으로 기울고 너의 음성에서는 바다의 맛이 나 아직 피지 않은 어린 꽃봉오리들을 엮어 初生으로 포장하면 눈가에도 그림자가 진다 나는 번번이 그림자 속의 겨울을 살게 되고

눈물을 절단할 수 있다면 곁을 지킬 수 있을까

개화의 과정이 생략된 결핍의 내부 계절의 방식을 이야기하고 싶어 불가능의 가능성만큼 겨울의 순서가 지연된다

그해 겨울엔 오지도 않던 눈이 내려서 우리는 현재에 고립됐었지 아무런 감정 없이도 미래는 얼어버린다

손가락 끝으로 퍼져나가는 연쇄적인 우리의 결 우리의 범람이 흐를 수 있는 곳까지만 손을 뻗을게 겨울은 손에 닿아 빠르게 녹아내려 투명한 커튼의 내부로 번져가는 푸른빛

창밖에는 눈이 내리지만 나의 빛은 얼지 않아

맞닿은 경계에서 가능해지는 것들의 꿈을 꾸면 내일이 된다 그런 사랑 같은 것들 올해의 겨울이 끝나고 나면 함께 녹아버린 슬픔 속을 헤엄치자

형편 없는

1
겨울
정오가 되면
햇빛이 유리 모양을 하고
수조에 손목을 내민다
없는 형편
글을 쓰는 것이
먹는 것보다 어렵다.

2
다마스 철판이 얇은 줄 처음 알았다
가난
잘도 구겨지는 무덤.
누군가는 여기서 어묵을 끓여 팔았다.
차문이 좌르르, 닫힐 때
제인의 심장도 끌어져 박힐 것이다
색종이 빛나는 네모
그 속에서 찰리 브라운이 웃었고
어항 없는 여자애들은
열을 지어 도하한다

어제 울었던 눈이
오늘 창 위에 떨어진다
운동화처럼 한 닢 한 닢
벗겨져 가라앉았다.
타이어로 염화칼슘을 튀기면서
나는 중력과 함께 팔려 가는
금세기의 젊음을 생각한다
망령을 담은 자루는, 검불의 무게
깨어질 시신을 싣고 가면서
강바닥 꼬리로 노 젓는
악어를 생각한다

3
돌과 풀과 속살거림
교각을 한 웅큼 건너온 네 손가락
저 아래 푸르게 서성이는
멍든 소년들이여
지난달의 사랑은
가재처럼 작아졌다
호수는 천천히 얼굴을 들어
섞이는 눈송이를 그러모은다

얼마나 많은 밤을 형 목소리 옆에서 잠들었는지

얼마나 많은 밤을 형 목소리 옆에서 잠들었는지
닳은 구두 밑창
새까매진 냄비 바닥
축 처진 어깨
스쳐지난 모든 것들에서 형 내음을 맡았다

비리다 뱉었다 돌아본다 감았다
여적 있다

발끝에 채이는 민들레 한 잎에도
이토록 시려오는데
민들레 만개한 이 겨울 언제쯤 끝나려나

허옇게 피어오르는 아지랑이
눈은 녹아 파릇한 잔디가 되겠지
적막한 겨울 다 지나면
형 내게 다시 올까

고결한 겨울
위성 같은 연기

숯검정이는 페노발비탈
유난히도 푸르렀던 그 해 지구

손을 잡고

가만히 눈을 감으면
눈꺼풀 뒤로 소금 결정이 차오르는 날
너는 그 설익은 모양을
가만히 안아주곤 했다

마주치는 모든 것들이
갈퀴 하나씩은 가진 듯 휘날리고
벌거벗은 심장이 아무렇지 않게 당해도
가만한 포옹은 그대로였다

너의 체온이 아직도 기억나
뜨겁지도 차갑지도 않았던 품 속
미온수는 맛없는데 하며 놀려대면
까진 살갗 주제에 하며 응수하던

어느 날 문득 함께 창밖을 보았을 때
우리는 삿포로의 흰 언덕 한가운데 있었다
하얀 덩어리가 그칠 줄 모르고 내려도
나는 너의 손을 잡고 걷고 싶었다

이것은 어두워진 숨
저 바닥 끝에는 입을 벌리고 서서
나의 추락을 기대하는 이가 있다
그렇대도 나는

너의 손을 잡고 걷고 싶었다

0도

눈과 함께
눈을 떴다

바닥에 떨어진 이불에
시선이 멈춘다

폐포 깊숙이 스며드는 차가운 공기

천천히 창을 향해 몸을 움직인다

나의 어두운 두 눈동자에
나란히 비치는 투명한 결정체

한없이 불완전하고
한없이 아름다운

눈이었다가,
비였다가,
눈이었다가,
비였다가

괜히 시린 코끝을 한번 만지고는
이내 이불을 덮고 눕는다

여름의 생기가 좋다는 너의 말이
눈처럼 흩날리는 동안

나는 다음 겨울이 되어도
겨울이 좋은 이유를 답하지 못했다

나는 내내 눈으로,
심연으로

잠결의 온기는
허공으로 사라져버린 채

나는 지금 눈을 덮고 있다

뭉툭한 연필처럼 생긴
빙산이 되었다

밝아오는 새벽 여명에
나는 다시

눈이었다가,
비였다가,
눈이었다가,
비였다가

그렇게

얼어붙은 불투명한 입은
이제야

열두 번째 초상肖像

겨울이 손끝에서 바스라진다
열망을 창 너머에 두고 돌아섰던 날
한파의 틈마다 실패를 겹겹이 쌓아두는 버릇은
대체 언제쯤 버릴 수 있는지

입김은 담배 연기와 닮았다
시들고 나면 무엇이든 무채색
온기가 휘발된 계절
사람과 사람 사이에도 금세 서리가 낀다
더 이상 좁혀지지 않는
관계의 실금마다 찬바람이 스몄다

12월의 문턱
잇새로 좌절이 뭉개지고
그리움은 주어를 바꿔 끼운다
영문도 모르고 눈가가 아려오던
그 계절
그 겨울이 손끝에서 바스라진다

겨울

내가 더이상 당신의 한기를 채워줄 수 없음을 깨달았을 무렵이었다
당신이 일궈낸 자녀들은 그 사실이 꽤나 버거웠을 것이다
부담은 이제 물들어 제 짐을 훌훌 털어버릴 준비 중이었다
나는 겨우날 미처 떨어지지 못한 썩은 낙엽이었다

당신의 사계는 아름다왔다

어느덧 나의 계절은
당신을 닮았지만

싸늘하다 못해 딱딱하게 식어버린 그 온기를
먹어버리는 수밖에
없었다

쓰라리다
하얀 면포가 덮인 그 눈밭은 황량하다

하늘에서
나리던 눈 싸리들이

남김없이 흩어지던 순간

눈 우에 서리가 끼던
당신을 바라보았지

어느덧 앙상해져 버린
당신의 가지들을 사이로
바람을 불어보기도 했지

왜 겨울은
움직이지 않는가

봄을 우리에게 맡겨놓고
왜 돌아올 생각을 하지 않는가

한기가 사라지지 않았는데
왜 당신은 사라지려는가

당신의 겨울은
이리도 아팠나

겨울밤의 꿈

많은 이들이 저마다의 꿈을 꾸는 겨울밤
잠들지 못하는 누군가는
가만히 창밖의 풍경에 눈 맞춘다

얼어붙은 길거리 위를 소복이 덮는 눈처럼
지금은 현실에 덮여있을지라도
모두가 꿈이 있었겠지

깊게 잠드는 계절에
꿈 잃은 많은 불빛들이 깨어
저 너머 고요한 거리를 수 놓는다

한가운데의 나는 어떤 꿈을 꾸었나
지금은 어딘가 깊이 덮인
지나온 나의 꿈들을 꺼내 본다

언젠가 이 긴 겨울의 새벽을 지나
해가 뜨고, 꽃 피는 계절이 오면
그제서야 나도 피울 수 있을까

동백

망망한 설원
세상의 주검은 까맣고
수의는 하얗다

겨울은 기나긴 습렴襲殮
나는 애도한다
비통 참회 정지 소멸

헌화는 어찌 하나
온통 희니 조화가
마땅히 없다

눈밭 위에
꽃나무 한 그루
맹랑히 붉다

봄으로 오신다니
기다릴 밖에

그 해 겨울

우리 아버지 돌아가실 적
마당에 영산홍은
붉은 빛 감추고
가시만 앙상히 남아서

허공 속 숨도 다 얼어붙은 걸
희뿌연 하늘 멍하니 보시던
어미 눈엔 어쩜
그리도 눈물이 가득한지

던진 모래알에 뺨이 베이듯
날카로운 바람에
울컥 마음이 터져
겨울이 미워진다

아버지 가실 때까지
어찌 내 속도 모르셔
새싹 움트는 봄날에 가시지
아직 날이 추워요

꽃 대신 붉게 물든
나의 뺨 위로
즙 같은 눈물이 흐르고

어머니는 가지마라
떠나지 마라
목놓아 부르시지만

어머니 올해 겨울은
이리 다 갔어요

영영 오지 않아요

마지막에게

목이 쉬었다
반드시 사라질 우리 존재라는 게
마치 위태로운 덩어리 같아서
생일이 끝나가는 밤 나는
웅크리지 못 한 채로
가만히 서서
새벽을 지새운 적이 있었다

기어이 끝나버린 겨울
나는 왜 어제 죽음만을 떠올렸나요
지쳐버렸고
너는 울어요
나는 악수를 건네요
금방 녹아버릴 그런 존재를 찾는다면서요

그리움이라는 단어는
입안에서 굴리는 느낌이 부드러웠다

허공에서 뒹구는 혀를 보고 싶어요

*공기와 낮을 가려서는
제 사랑이 끝나질 않거든요*

봄이 찾아오면 사라질 영원할 약속

짧았다
영원이라고 불리우던 것들이

코코아와 약 한 알을 삼킨다
가난한 마음의 촉감
진부한 환상의 매서움
남은 감정으로부터 긁어낼
여기, 우리, 어긋난 초점의
계절들

버석거리던 내 혀는
그리움을 실처럼 뽑아내다가
눈처럼 흘러내렸다

여덟 번의 겨울

계절의 끝자락에서 나는 습관처럼 당신의 번호를 눌러요.

그다지 길지도 짧지도 않은 연결음이 들린 후에야
덜컥 정신을 차리고는 받아지지 않은 전화를 끊어버렸어요.

마치 아무 일도 없던 것처럼.

꽤 오랫동안 부재중이던 번호에 새 주인이 생겨서
이제는 누를 수도 없는 번호를 한참 쳐다봤어요.

당신의 아픔을 모른 체하던 나는
어느새 당신을 닮고 있고,
여덟 번의 겨울을 보내고 나서야
안녕을 말할 수 있게 됐어요.

너무 늦게 놓아줘서 미안해요.

겨울나기

시리다
손끝이 아닌 마음이 시리다

그해 겨울은 너와 따뜻한 커피를 마실 수 있어서
내 코트 주머니에 네 손이 들어와 줘서
서로 부둥켜안고 체온을 나눌 수 있어서
그냥 네가 내 옆에 있어 줘서
그래서 따뜻했나보다

잎사귀와 이별하고 발가벗겨진 저 나무처럼
나도 발가벗었다
이제는 네 온기를 덧입을 수 없어
맨몸으로 차디찬 바람과 맞서 싸워야 한다
아무래도 이번 겨울나기는 내게 쉽지 않을 것만 같다

그래도 봄은 오고 꽃은 피겠지

눈꽃

차창 밖 흩날리는 눈꽃을 볼 때 즈음
괜스레 눈물을 머금게 되는 기억 한 조각을 더듬어본다

아아 그렇게 매몰차게 앞서갔던 것들이
다시 한번 눈꽃에 날려 푸르른 기억이 되려 하네
그렇듯 차게 오는 겨울이, 그래서 난 아직도 설레는 걸까

문득 지난날의 기억을 더듬어 볼 때, 난 비로소 느꼈다
아니 확신했다
속절없이 지나는 것이 때론 가슴을 여미도록 아프게 했
던 것이
단단한 굳은살이 되어 날 지탱하고 있다는 것을

난 이제 안다
겨울과 함께 난 쓸쓸한 듯 쓸쓸하지 않다

반복되는 겨울을 지낼 때 흩날리는 눈꽃은 그렇게 나의
기억 조각을 다시 만나게 해준다
차디찬 눈꽃은 결국 차디찬 마음이 되지 않게 해주는 특
별한 존재였지

다짐하고 또 다짐했던 나의 지난날들아
고요 속에 강해질 수밖에 없던 작은 존재
그래 이제는 다행이다 눈꽃이 흩날리기 시작하니
어느덧 푸르른 소망을 볼 수 있는 눈이 생겼지

그렇게 차곡차곡 쌓인 눈꽃은
말없이 티 없이 녹아지며 녹고 있구나
그렇게 그래왔듯이 내 곁을 떠나지 않고 돌아오면 좋겠네
언제든 반가워하며 맞이 할 테니
차창 밖 흩날리는 눈꽃 속의 나의 기억아

계절 끝

빨간 목도리를 선물하며
더 빨개진 얼굴로 수줍게 웃던 나.

내 손을 네 양손에 담아
호호 하얀 입김을 불어 넣던 너.

먼지 쌓인 목도리와
연기처럼 날아가버린 숨.

우리의 계절은 지나가고
차가운 눈이 내린다.

봄아래

찬 바람결에 나무들이 구슬피 울어도
시린 떨림으로 바다가 신음소리를 내어도
나는 방 안에나 홀로 있어야겠다.

사진 속 그리운 얼굴들 하나, 둘 바라보다
기억 속 그리운 마음들 셋, 넷 떠올라도
우리 봄 아래서나 보자고 전화를 해야겠다.

가득 추운 떨림도, 끝내 꽃으로 피어날 것을
한껏 시린 소식도, 끝내 향기로 퍼져 날 것을
나는 너를 믿는 것처럼, 그리될 것을 안다.

겨울이 아무리 길어도, 아픔이 이리 많아도
따스한 마음 포개어 깊어지는 우리를 이기겠냐고
우리 떨리는 겨울일수록 봄을 기다리자.

동상

머리가 하얗게 센 노인이 아이의 손을 잡고 걷는다.
칼바람에 볼이 튼 아이는 몸이 둔해질 정도로 겹겹이 껴입었다.
과연 아이는 몇 걸음 안에 자빠질까.
시시한 생각을 하며 낡은 캔버스화를 내려다보았다.
구부리면 뜨거워지던 손난로를 기억한다.
코트 주머니 속 라이터.
가스가 다 닳았음에도 나는 그저 달칵거렸다.

겨울이 좋았다.
목구멍 가득 차오르는 찬 기운이 좋아서.
빈약한 내 속을 두툼한 계절 옷으로 숨길 수 있어서.
뱉어지는 숨마다 얼어붙어 뭉게뭉게 피어난다.

뒤뚱대며 걷던 아이는 결국 빙판길에 넘어진다.
곧바로 터져 나오는 울음을 구태여 삼키지 않는다.
벌건 얼굴로 시끄럽게 우는 아이를 노인이 안아 올린다.
나는 그 광경을 오래도록 지켜보았다.
거리의 불빛이 반짝반짝 어지럽기도 하다.

소란하고 화려한 거리에서,
손난로 속 동전처럼,
나는 조용히 웅크렸다.
아무리 숨을 죽여도 두 손발은 따뜻해지지 않았다.

나는 안다.
언 손을 호호 불어가며 녹여줄 노모는 없다.
성탄의 기쁨을 나눌 연인도 없다.
내 안을 가득 채울 성령의 충만함도 없다.

새하얀 눈밭.
내가 걸어온 자리마다 시커먼 자국이 남았을 것만 같아
썩어버린 나를 들키기 싫어 걸음을 재촉한다.
발끝이 뭉근히 가려워진다.

겨울나무

푸르렀던 너가
찬란하던 너가

차가운 바람에
흔들리고 흔들려
넘어지고 넘어져

단단하던 너가
꿋꿋하던 너가

말라버린 잎들이
흩날리고
부스러지는 가지들이
떨어지고

숨을 멈춘 듯
그 자리에
시간이 멈춘 듯
그 자리에

조용히 다가가
바라본다
천천히 다가가
토닥인다
그저 가만히
안아준다

온 세상이 하얀빛이다

눈이 와 내게 한 말

올 한 해도 참 열심히 달려왔다는,
최선을 다해 잘 지내왔다는,
한두 마디의 위로의 말보다
하얀 눈의 포근함이 좋다

말실수를 한 그날을 후회하며
시험 문제를 틀렸던 날을 떠올리며
굳이 되새김질하며 자책하던 나를
하얀 눈은 스르륵 다가와 안아준다

하얗다고만 생각되는 자신도
사람들에게 밟히고 힘들었다며,
흑심을 품어 검어질 때도 있다며,
나의 마음을 조심조심 달래준다

같은 눈끼리만 아는 이야기이지만
높은 하늘에서 눈이 되어 떨어지고,
떨어져 바닥에서 혼자가 되었을 때,
자신도 미치도록 외로웠다며 공감해 준다

여정의 끝에서

여정의 끝에서
이 겨울이 지나면
우리의 여정은 끝이 나겠지

짧다면 짧고 길다면 긴
수많은 길을 같이 지나온 사람아

앞으로 네가 무슨 길을 걸으며
살지는 그 아무도 모르지만

너만의 길을 걸어 갈 때
차디찬 바람이 부는 겨울 앞에 좌절하지 말고
그 추운 겨울 끝엔 꽃 필 봄이 온다는 걸
기억하길

이 겨울이 지나면
우리의 여정은 끝이 나겠지

입김

겨울

여름보다 해가 짧아지는 것도,
달력 마지막 페이지가 다가오는 것도,
추위에 움츠려 어깨를 펴고 걷지 못하는 것도
나를 꽁꽁 얼어붙은 불안한 상태로 만든다

버스를 기다리는 사람들이
걱정을 한숨에 담아 내뱉는다

각자 속에 있던 불안들이
한 번에 터져 나와
눈앞에 보이는 듯하다

모두의 눈에 보이지만
본인만이 그 내용을 알고 있다
본인이 아닌 그 누구도
알아줄 수 없다

걱정 하나하나 밖으로 꺼내어 풀어가다 보면
눈과 함께 녹아들고 따뜻한 날이 찾아오길

버스가 올 때까지
우선 시린 손부터 입김 불어 녹여본다

잔존

유독 마지막 계절을 싫어했다.

애써 일궈놓은 커다란 한해의 타래 들이 재가 되어 사라지는 것 같음에.

그렇게 평생을 미움을 받았던 탓일까 결국 겨울이 심통이 났다.

천천히 유영하는 바람을 붙잡아 이리저리 흔들질 않나,

모체에 붙은 빠알갛게 익은 나뭇잎을 손가락으로 틱 튕겨 저 멀리 보내질 않나,

분에 못 이겨 이곳저곳 쿵쿵 들쑤시고 다니던 겨울은 이내 큰 눈망울로 울기 시작한다.

미안한 마음에 떨어진 눈망울들을 뭉쳐 내 타래에 붙여준다.

더 단단한 한해의 타래가 되었다.

판탈라사

따뜻한 아메리카노에 취해 눈 뜬 채로 꿈을 꿨다.
꿈속에선 판탈라사에 겨울이 찾아왔다.

판탈라사의 겨울은 혹독하다.
정원사가 가꾼 마음들은 첫눈에 전부 죽어버린다.
애정도 죽고 미움도 죽고
마음이 자라질 않으니 판탈라사의 가게엔
사랑도 없고 증오도 없고
허허벌판과 빈 매대
굶주린 아이는 무기력한 채로 집구석에 누워있고
엄마는 아이를 어르며 노래한다.
아이야, 나의 사랑 나의 미움 나의 기쁨
나의 연약한 마음아
착한 아이는 겨울엔 집에서 나가지 않는단다,
어서 잠자리에 들자꾸나.

카페인에 오른 취기가 끝났고 판탈라사의 겨울은 사라졌다.

파도시집선 002

겨울

초판 1쇄 발행 2020년 12월 24일
재판 1쇄 발행 2021년 4월 1일
　 4쇄 발행 2025년 11월 28일

지 은 이　| 이현아 외 57명
펴 낸 곳　| 파도
기획·편집　| 길보배
등록번호　| 제 2020-000013호
주　　소　| 서울특별시 서대문구 증가로 17길 38
전자우편　| seeyoursea@naver.com
I S B N　| 979-11-970321-1-0 (03810)

값 10,000원

ⓒ 파도, 2020. Printed in seoul, korea.

* 이 책의 판권은 지은이와 파도에게 있습니다. 양측의 서면 동의 없는 무단 전재 및 복제를 금합니다.
* 맞춤법과 띄어쓰기는 원본에서 기인하였습니다.
* 파도시집선 참여 작가들의 인세는 매년 기부됩니다.